Michael Stolleis
Der lange Abschied vom 19. Jahrhundert

Schriftenreihe
der
Juristischen Gesellschaft zu Berlin

Heft 150

W
DE
G

1997

Walter de Gruyter · Berlin · New York

Der lange Abschied vom 19. Jahrhundert

Die Zäsur von 1914 aus rechtshistorischer Perspektive

Von
Michael Stolleis

Vortrag
gehalten vor der
Juristischen Gesellschaft zu Berlin
am 22. Januar 1997

W
DE
G

1997
Walter de Gruyter · Berlin · New York

Dr. iur. *Michael Stolleis,*
Direktor am Max-Planck-Institut
für Europäische Rechtsgeschichte, Frankfurt/Main

♾ Gedruckt auf säurefreiem Papier,
das die US-ANSI-Norm über Haltbarkeit erfüllt.

Die Deutsche Bibliothek – CIP-Einheitsaufnahme

Stolleis, Michael:
Der lange Abschied vom 19. Jahrhundert : die Zäsur von 1914 aus
rechtshistorischer Perspektive ; Vortrag gehalten vor der
Juristischen Gesellschaft zu Berlin am 22. Januar 1997 /
von Michael Stolleis. – Berlin ; New York : de Gruyter, 1997
(Schriftenreihe der Juristischen Gesellschaft zu Berlin ; H. 150)
ISBN 3-11-015688-1 kart.

1. August 1914

Die im Titel meines Vortrags steckende These vom „langen Abschied" lautet: Zäsuren sind auf Plausibilität angelegte Merkzeichen der Historiographie. Es sind Hilfskonstruktionen zur Bewältigung von Datenmengen. Um ihre Ungleichzeitigkeit geht es in den folgenden sechs Abschnitten. Denn Rechtsgeschichte, Sozial- und Wirtschaftsgeschichte, Verfassungsgeschichte und politische Geschichte datieren den Abschied vom 19. Jahrhundert unterschiedlich. Das heißt: Geschichte verläuft nicht synchron, sondern zeigt auf unterschiedlichen Ebenen verschiedene Fließgeschwindigkeiten. Die historische Zeit ist nicht kontingent. Sie wird gruppenspezifisch erfahren.

Und doch gibt es Einschnitte, die von allen Gruppen „gleichzeitig" als bedeutsam erfahren werden. So ist es mit dem August 1914. Nicht nur spätere Generationen haben es im Rückblick so gesehen[1], auch den Zeitgenossen war bewußt, daß eine Epoche zu Ende war, eben die *belle époque,* die gute alte Zeit. Mit einem Schlag veränderten sich Lebensperspektiven von Millionen von Menschen in Europa, standen Politik und öffentliches Leben unter neuen Prämissen, und es bewegten sich die riesigen Kriegsmaschinerien des Zarenreichs, des Deutschen Reichs, des österreichischen Vielvölkerstaats, Frankreichs und Englands aufeinander zu. Es war, als würde das 19. Jahrhundert mit all seinen Kämpfen und Erfolgen von einem Strudel verschlungen. Gewiß traten aus größerem Abstand die Kontinuitätslinien wieder hervor, gewiß konnte auch die Mehrzahl der Menschen die Bedeutung jener Zäsur noch nicht vollständig erfassen, aber in mehr als einem Sinn war doch „das goldene Zeitalter der Sicherheit" (Stephan Zweig) untergegangen. Auch diejenigen, die zunächst von der Woge nationaler Emotionen erfaßt worden waren und den Ausbruch des Krieges als „Erlösung" bejubelt hatten – unter ihnen in der Menge vor der Münchner Feldherrnhalle ein junger Mann aus Braunau mit aufgerissenen Augen –, erinnerten sich an die Vorkriegszeit schon bald mit Wehmut. Die Monarchie, die stabile Währung und die Sekurität bürgerlicher Lebensverhältnisse erschienen nun in verklärtem Licht, jedenfalls für diejenigen, die in angenehmen Verhältnissen gelebt hatten.

Der Weltkrieg überschritt alle Grenzen des traditionellen „gehegten Konflikts". Er wurde ein Material- und Rohstoffkrieg, ein Krieg der Logistik und der Erfindungen, er forderte die ideologische Mobilisierung und

---

[1] *A. Solschenizyn,* August Vierzehn (1971), dt. Ausgabe Darmstadt und Neuwied 1972.

Militarisierung ganzer Völker. Die schützende völkerrechtliche Unterscheidung von Militär und Zivil wurde auf diese Weise aufgehoben. Da der Krieg Kreuzzugscharakter annahm, waren nicht mehr die Armeen, sondern die Völker zu besiegen. Damit kehrte der im Völkerrecht des 17. und 18. Jahrhunderts halbwegs überwundene „gerechte" Religionskrieg wieder zurück. Aber die äußeren Bedingungen waren andere als zur Zeit der Kreuzzüge: Entscheidend wurden nun die Zerstörung der Stahlhütten und der chemischen Industrie sowie die psychische Zermürbung der Zivilbevölkerung durch Propaganda. Umgekehrt mußte an der „Heimatfront" der Massenkonsens mit Sozialleistungen sowie mit neuen Techniken der Menschenbeeinflussung und -überwachung stabilisiert werden[2].

Die seit der Französischen Revolution zu beobachtende Ideologisierung und Totalisierung der Kriege zerstörte auch alte Tötungstabus[3]. Getötet wurde nicht mehr nur der feindliche Soldat, sondern auch der zivile Repräsentant des falschen Denkens, das durch Ausrottung besiegt werden sollte[4]. Die Mechanisierung des Tötens durch die moderne Kriegstechnik – selbstladende „automatische" Waffen, Bombeneinsatz im Frontkampf, Giftgas, gepanzerte Fahrzeuge, Fesselballons und Flugzeuge – dynamisierte den immer gesichtsloser werdenden Kampf. Je arbeitsteiliger getötet wurde, desto geringer waren die Hemmschwellen, wie man seit der Erfindung der Guillotine und besonders seit den Massentötungen von Tieren in den Stockyards von Chicago gelernt hatte[5]. Je mehr anonyme Maschinen, desto kleiner die individuellen Entscheidungsspielräume und Schuldgefühle. Das

---

[2] Dies ist auf einer Tagung im Trinity-College, Dublin 1993, „Mobilisierung für den totalen Krieg: Gesellschaft und Staat in Europa, 1914–1918" von *John Horne* betont worden. Zu Frühformen des „Total War" im amerikanischen Bürgerkrieg vgl. *Lance Janda,* Shutting the Gates of Mercy: The American Origins of Total War, in: The Journal of Military History 59 (1995).

[3] Hierzu S. *Audoin-Rouzeau,* Guerre et brutalité 1870–1918: le cas français, in: Europa. Révue européenne d'histoire, 1/1993; *Ian F. W. Beckett,* Total War, in: *L. Freedman* (ed.), War, Oxford 1994, 254 ff. In Deutschland hat seit den dreißiger Jahren immer wieder *Carl Schmitt* auf den „Sinnwandel des Krieges" und das Ende des alteuropäischen Völkerrechts aufmerksam gemacht, zuletzt in: Der Nomos der Erde, Köln 1950, 232 ff.

[4] *R. Schnur,* Staatssicherheit. Ein Aspekt der Französischen Revolution, in: Verfassung und Verwaltung. Festschr. f. Kurt G. A. Jeserich z. 90. Geburtstag, Weimar/Wien 1994, 125–143, weist nach, daß „épuration" (Säuberung) schon seit den Massakern in der Vendée stattfand, daß es Massenerschießungen mit Kanonen gab, daß man mit Gas, Gift und Massenertränkungen experimentierte. Die Guillotine wurde gerade wegen ihrer sauberen und schnellen Arbeitsweise als „human" angepriesen.

[5] *D. Pick,* War Machine. The Rationalisation of Slaughter in the Modern Age, Yale Univ. Press 1993. – Die klassische Beschreibung gibt *Upton Sinclair,* The Jungle, 1906. – Die Serienfertigung von Autos begann 1896 in den USA, 1913 führte *Henry Ford* das Fließband ein, um die Vorteile fraktionierter Arbeit zu nutzen.

neue „Maschinengewehr" tötete sozusagen „selbst"[6]. Das erste Motorflug-
zeug (Wright 1903) und das neue „Panzerautomobil" (Daimler 1910) eröff-
neten die Epoche der Maschinenschlachten. Die aus der Distanz geworfene
oder ferngezündete Bombe verlangte keinen persönlichen Mut mehr, sondern nur noch Beherrschung der Technik. Das erstmals eingesetzte Gas verbreitete sich „anonym" und unsichtbar.

All dies wurde gleichermaßen von den begeistert registrierten Fort-
schritten der Technik und von den Erkenntnissen der Biologie des Menschen in den Naturwissenschaften vorangetrieben. Einer verbreiteten Kul-
turmüdigkeit stand die Anpreisung der Raubtiernatur des Menschen gegenüber. Sensible Geister spürten, daß hinter der entfesselten Technik, hinter der Entdeckung der Vererbungslehre und den Spekulationen über
Menschenrassen Gefahren lauerten. Die Aufklärung mit ihrem Vertrauen
in rational bestimmbare „Zwecke" begann ihre Nachtseite zu zeigen[7]. Das
vom alten Goethe erahnte „Maschinenwesen" erregte nun in den „Stahlgewittern" des Weltkriegs nicht nur Entsetzen und Kulturkritik, sondern
auch kalte Faszination, nihilistische Rauschzustände der Zerstörung und
Befriedigung über die nebenbei erledigte Einebnung der Klassenschranken
in der großen „Gemeinschaft"[8].

Der erste Weltkrieg hat das 19. Jahrhundert, soweit es noch als Idylle
erscheinen konnte, restlos zerstört. Noch während die Überbleibsel der
ständischen Gesellschaft verschwanden, sah sich schon ihre Erbin, die
bürgerliche Gesellschaft, ihrerseits vom Zeitalter der Massen bedroht. Die
Massen, angekündigt in Gustave Le Bons „Psychologie des foules" (1895),
wurden in den Materialschlachten des Weltkriegs zu den eigentlichen
Akteuren[9]. Es waren mechanisierte Massenkämpfe und Massentötungen.
Nur in Randbereichen, etwa bei den Jagdfliegern, gab es Restbestände von

---

[6] S. *Giedion*, Mechanization takes command, New York 1969; *H. M. Enzensberger*,
Kiosk. Neue Gedichte, Frankfurt 1995, hat ein Gedicht auf den Erfinder des Maschinen-
gewehrs, Sir Hiram Maxim (1840–1916) veröffentlicht, in dem der Duke of Cambridge
– historisch belegt – voller Bewunderung ausruft: „nie wieder wird der Krieg sein, was er
gewesen ist".

[7] *M. Horkheimer / Th. Adorno*, Dialektik der Aufklärung, 1944, 1947.

[8] In der Kritik an der mechanisierten inhumanen Welt treffen sich *Heidegger* und *Jas-
pers*, *Horkheimer* und *Adorno*, *F. G. Jünger* und *Ortega y Gasset*. Vgl. etwa *R. Safranski*,
Ein Meister aus Deutschland. Heidegger und seine Zeit, München 1994, 475, mit dem
Hinweis auf die Sätze *Heideggers* von 1949: „Ackerbau ist jetzt motorisierte Ernäh-
rungsindustrie, im Wesen das Selbe wie die Fabrikation von Leichen und Gaskammern";
D. Losurdo, „Die Gemeinschaft, der Tod, das Abendland". Heidegger und die Kriegs-
ideologie, Stuttgart 1995.

[9] *Th. Geiger*, Die Masse und ihre Aktion, Stuttgart 1926; *J. Ortega y Gasset*, La rebe-
lión de las masas, Madrid 1929 (dt. Stuttg. 1931); *E. Cannetti*, Masse und Macht, Hamburg 1960. Knappe Hinweise bei *M. Rassem*, Masse, in: Staatslexikon, 7. Aufl. 3 (1987)
1051–1054.

Einzelkämpfertum, und es ist kein Zufall, daß die dort verwendete Metapher des „Ritterlichen" in die vormoderne Welt verwies.

Der Kriegsausbruch von 1914 ist ein weithin sichtbares Merkzeichen der politisch-militärischen Geschichte, ein Orientierungspunkt der Historiographie. Er markiert sicheres Ende und unsicheren Neuanfang, er symbolisiert den Abschied von einer als relativ glücklich empfundenen Epoche Europas. Diese unübersehbare „Hauptzäsur" wird mit Sicherheit auch weiterhin im Zentrum stehen.

Aber – nun beginnt die Differenzierung – dahinter stehen die Ungleichzeitigkeiten, die sich übereinander schiebenden tektonischen Platten.

2. Die Kontinuität der Ständegesellschaft

Die älteste, aber auch 1914 noch präsente historische Schichtung war die ständische Gesellschaft des Ancien Régime vor 1800. Sie war, obwohl stark erodiert, noch während des ganzen 19. Jahrhunderts erkennbar und wirksam[10]. Zwar war der Adel inzwischen partiell verbürgerlicht, vor allem durch den Einstieg in die Erwerbs- und Leistungsgesellschaft, aber umgekehrt prägten die alten Formen des Adels auch das Bürgertum. Fabrikanten erwarben Rittergüter und ließen sich nobilitieren, adelige Kreise in Militär und Gesellschaft öffneten sich für Bürgerliche. Es ist immer wieder von einer „Feudalisierung" der bürgerlichen Lebensformen gesprochen worden[11]. Die Ablösung der Grundlasten wurde rechtlich erst 1848, ökonomisch aber im letzten Drittel des 19. Jahrhundert vollzogen, Fideikommisse und Majorate existierten weiter[12]. Patrimonialgerichtsbarkeit und Polizeigewalt der Gutsbesitzer waren erst in der zweiten Hälfte des 19. Jahrhunderts abgebaut worden[13]. Die letzten Elemente des Lehnwesens und die Sonderrechte des Adels wurden 1919 beseitigt (Art. 109 Abs. 3, 155

---

[10] *Th. Nipperdey,* Deutsche Geschichte 1866–1918. Erster Band: Arbeitswelt und Bürgergeist, 3. Aufl. München 1993; *H.-U. Wehler,* Deutsche Gesellschaftsgeschichte Bd. 3, 1849–1914, München 1995, 805 ff., 843–847.

[11] Zum heutigen Diskussionsstand *Wehler* (Anm. 10), 714, 718 ff.; *ders.* Wie „bürgerlich" war das Deutsche Kaiserreich?, in: *J. Kocka* (Hrsg.), Bürger und Bürgerlichkeit im 19. Jahrhundert, Göttingen 1987, 243–280; *ders.,* Europäischer Adel im Vergleich, in: *ders.,* Die Gegenwart als Geschichte. Essays, München 1995, 110–116, 288–290.

[12] *J. Eckert,* Der Kampf um die Familienfideikommisse in Deutschland. Studien zum Absterben eines Rechtsinstituts, Frankfurt 1992, insbes. 697 ff.

[13] *S. Werthmann,* Vom Ende der Patrimonialgerichtsbarkeit. Ein Beitrag zur deutschen Justizgeschichte des 19. Jahrhunderts, Frankfurt 1995; *M. Wienfort,* Preußische Patrimonialrichter im Vormärz, in: *K. Tenfelde – H. U. Wehler* (Hrsg.), Wege zur Geschichte des Bürgertums, Göttingen 1994, 57–77; *dies.* Ländliche Rechtsverfassung und Bürgerliche Gesellschaft, in: Der Staat 33 (1994) 207–239.

Abs. 2 S. 2 WRV)[14]. Dreiklassenwahlrecht und Männerstimmrecht wurden bis zum Ende des Weltkriegs verteidigt. In Mecklenburg und im Baltikum hatten sich ritterschaftliche Verfassungsstrukturen aus der Zeit vor der Französischen Revolution erhalten[15]. 1917 und 1919 verschwanden auch sie. Dabei wurde die baltische Adelswelt in alle Welt verstreut und bewahrte Sprache und Erinnerung in der Diaspora. Die letzten Ausläufer von Mittelalter und früher Neuzeit – etwa die Ämter der Hofmarschälle zur Betreuung des Zeremoniells oder die Heroldsämter zur Registrierung und Kontrolle der Nobilitierungen – finden sich also noch in der Zeit der Erfindung von Telefon, Auto und Flugzeug[16].

Gleichzeitig begann auch die Auflösung der bürgerlichen Welt im industriellen Massenzeitalter[17]. Schon die Einführung des allgemeinen Wahlrechts auf Reichsebene (1871) war ein vom altliberalen Bürgertum mit Sorge beobachtetes Signal. Dann bildeten sich Parteien, aus denen Berufspolitiker hervorgingen, die bürgerlichen Honoratiorenparlamente verschwanden vor dem Funktionärstum. Immer mehr entschieden die Parteiapparate über die Ergebnisse des Gesetzgebungsprozesses, und in der Folge gruppierten sich die Kräfte um[18]. Man lernte sowohl in der Arbeiterbewegung als auch in Industrie und Landwirtschaft, wie wichtig es wurde, die gebündelten Interessen dort einzusetzen, wo die Gesetzesvorlagen entstanden, nämlich bei der Ministerialbürokratie. Die Sozialdemokratie wurde zur Massenpartei der kleinen Leute, und ihre Einforderung von sozialer Gerechtigkeit, Frauenwahlrecht und internationaler Solidarität entsprach breiten Erwartungen. Obwohl sie noch vor dem Krieg zur stärksten Fraktion des Reichstags aufstieg, schien eine Regierungsbeteiligung unerreichbar. So markiert das Jahr 1914 für die führenden Schichten in Adel und Bürgertum schon

---

[14] Die Details bei *F. Stier-Somlo,* Art. 109, in: *H. C. Nipperdey* (Hrsg.), Die Grundrechte und Grundpflichten der Reichsverfassung, Bd. 1, Berlin 1929, 204–209.

[15] *E. Schlesinger,* Staats- und Verwaltungsrecht des Großherzogthums Mecklenburg-Schwerin, Berlin 1908; *C. A. Endler,* Die Geschichte des Landes Mecklenburg-Strelitz (1701–1933), Hamburg 1935; *R. Wittram,* Baltische Geschichte. Die Ostseelande Livland, Estland, Kurland 1180–1918, München 1954; *G. v. Rauch,* Geschichte der baltischen Staaten, 3. Aufl. München 1990.

[16] *H. v. Kalm,* Das preußische Heroldsamt (1855–1920). Adelsbehörde und Adelsrecht in der preußischen Verfassungsentwicklung, Berlin 1994; *I. Frfr. v. Hoyningen-Huene,* Adel in der Weimarer Republik. Die rechtlich-soziale Situation des reichsdeutschen Adels, 1918–1933 (Schr.reihe des Dt. Adelsarchivs, 10), 1993; *M. Vec,* Zeremonialrecht, Handwörterbuch zur Deutschen Rechtsgeschichte, Bd. 5 (1997) Sp. 1673–1677; *ders.,* Zeremonial-Wissenschaft im Fürstenstaat. Studien zur juristischen und politischen Theorie absolutistischer Herrschaftsrepräsentation, jur. Diss. Frankfurt 1996.

[17] Als Beispiel sei verwiesen auf das m. E. zu wenig als paradigmatisch gewürdigte Buch von *L. Gall,* Bürgertum in Deutschland, Berlin 1989.

[18] Vgl. die Beiträge in der Festschr. für *Theodor Schieder* „Vom Staat des Ancien Régime zum modernen Parteienstaat", München–Wien 1978.

eine Art Dämmerung, die ihren Vertretern aber kaum bewußt war[19]. Gleichzeitig blieben Arbeiter- und Angestelltenschaft, denen es 1914 materiell deutlich besser ging als 1870, im ererbten Gehorsam. Die Welten des Land- und Stadtadels, der vielfältigen Formationen des Bürgertums und der abhängig Arbeitenden bestanden, wie es schien, in ihrer Ungleichzeitigkeit nebeneinander.

Vielleicht ist dies, die Gleichzeitigkeit des Ungleichzeitigen, das eigentliche Signum der Zeit vor 1914. Die Bühne der Zeit war von Zwittern bevölkert: von Adeligen im Fliegerdreß, von nobilitierten Kommerzienräten, deren Kinder sich dem Jugendstil, der bündischen Jugend oder dem Pazifismus in die Arme warfen, während die eigentlichen Akteure, die Massen, auf ihr Stichwort warteten.

3. Nationalismus und Internationalismus

Das 19. Jahrhundert vollendete die Einheit von Nation und Staat, am deutlichsten bei den „verspäteten Nationen" Italien und Deutschland, aber auch bei denjenigen europäischen Völkern, die lange unter fremder Herrschaft gestanden hatten und nun von der Nationalbewegung erfaßt wurden. Überall in Europa wurde der Nationalismus Antriebsmittel und Obsession. Für die großen transnationalen Reiche bedeutete diese „Nationalisierung" eine lebensgefährliche Bedrohung. Was von einer dynastischen Idee und einer Zentralbürokratie nicht mehr zusammengehalten werden konnte, ordnete sich nun nach den verborgenen historischen, religiösen und sprachlich-kulturellen Mustern auf neue Weise. Die Wünsche nach Autonomie wurden unüberhörbar. Das osmanische Reich zerfiel schon während des 19. Jahrhunderts, das habsburgische Reich zerbrach im ersten Weltkrieg und das englische Commonwealth im Verlauf des 20. Jahrhunderts[20].

Der Nationalismus war mit den Staatsgrenzen des 19. Jahrhunderts, in denen vor allem dynastische Geschichte aufbewahrt war, nicht kompatibel. Er drängte häufig zu kleineren politischen Einheiten, griff aber andererseits dort, wo Volk und Nation durch politische Grenzen getrennt waren, gerade über die dynastisch-staatlichen Grenzen hinaus. Er war also, je nach Lage, entweder Ferment der Staatsbildung oder der Staatszerstörung.

Gerade das nationalistische 19. Jahrhundert brachte aber auch die Wendung zum Internationalismus hervor. Mit der industriellen Revolution entstand nicht nur die internationale Arbeiterbewegung, sie verwischte auch

---

[19] *O. Graf zu Stolberg-Wernigerode,* Die unentschiedene Generation – Deutschlands konservative Führungsschichten am Vorabend des 1. Weltkrieges, München–Wien 1968.
[20] *A. Demandt* (Hrsg.), Das Ende der Weltreiche. Von den Persern bis zur Sowjetunion, München 1997 (insbes. die Beiträge von *M. Schulze-Wessel, F. Adanir, B. Porter*).

die nationalen Grenzen durch Technisierung und Standardisierung. Es begann mit der Erfindung des grenzüberschreitenden Telegraphen und der Eisenbahnen, und es endete mit dem immer dichteren und schnelleren Schiffsverkehr, mit Auto und Flugzeug. Die internationale Kommunikation durch die Post folgte dem Takt der Technik (International Telegraphic Union 1856, Weltpostverein 1874), ebenso Patentwesen und Patentrecht. Ein Netz internationaler Abkommen für Technik und Wirtschaft begann die Welt zu überziehen. Weltorganisationen bildeten sich, auch auf humanitären und kulturellen Gebieten (Rotes Kreuz, Olympische Spiele). Dies alles war juristisch nur zu bewältigen, wenn es von einer enorm intensivierten und zunehmend verwissenschaftlichten Rechtsvergleichung begleitet wurde[21]. Überall wurden Sammlungen ausländischer Rechtsquellen angelegt, die Zeitschriften nannten sich typischerweise „Archiv" oder „Review/Revue/Rivista". Sie wollten dokumentieren, einen Überblick geben und vergleichen. Das internationale Privatrecht als Begleitphänomen dieser nun entstehenden Weltkommunikation erhielt seine Konturen, seine wissenschaftlichen Organe und Kongresse. Internationale Gerichtshöfe entstanden, und ihre Rechtsprechung schuf langsam die Grundlagen für eine schrittweise Kodifikation des Völkerrechts (Haager Landkriegsordnung, 1911).

Der Wettbewerb der Nationen um die Steigerung der industriellen Produktion, verbunden mit einem Wettbewerb der Naturwissenschaften, schien fast unausweichlich zur Weltgesellschaft zu tendieren und den Nationalismus selbst zu zerstören. Aber diese Prognose erfüllte sich, wie wir heute wissen, nicht. Man mag deshalb weiter darüber spekulieren, ob der Nationalismus ein weltgeschichtliches Übergangsphänomen zwischen sakraler und technischer Weltkultur darstellt, ob er ein Phänomen der „Neuzeit" ist oder eine anthropologische Grundkonstante bildet[22]. Diese Frage ist von hohem Interesse, zumal in der Phase des am Ende des 20. Jahrhunderts erneut aufbrechenden postkolonialen und postsozialistischen Nationalismus.

Nicht nur die ständische Welt des 18. und die egalitäre Welt des 20. Jahrhunderts schoben sich also ineinander, sondern auch die nationalistischen und internationalistischen Optionen. Der Unterschied besteht jedoch

---

[21] *W. Hug,* The History of Comparative Law, in: Harvard Law Review 45 (1932) 1027; *R. Bernhardt,* Eigenheiten und Ziele der Rechtsvergleichung im öffentlichen Recht, in: Zeitschr. f. ausl. öff. Recht und Völkerrecht 24 (1964) 430 ff.; *E. Wadle,* Wegbereiter der Rechtsvergleichung: Die Internationale Vereinigung für vergleichende Rechtswissenschaft und Volkswirtschaftslehre, in: Zeitschr. f. Neuere Rechtsgeschichte 1995, 50–59; *ders.,* 100 Jahre rechtsvergleichende Gesellschaften in Deutschland, Baden-Baden 1994.

[22] Vgl. etwa *S. N. Eisenstadt,* The Constitution of Collective Identity – Some Comparative and Analytical Indication. A Research Programme (Mskr.).

darin, daß sich die ständische Welt langsam, aber unaufhaltsam im Massenzeitalter auflöste, während sich Nationalismus und Internationalismus un-
verändert gleichrangig und in komplizierten Austauschverhältnissen ge-
genüberstanden. Noch hundert Jahre später ist eine Beruhigung gerade dieses Problems nicht abzusehen.

4. Konstitutionelle Monarchie und Rechtsstaat

Das 19. Jahrhundert ist für Deutschland die Zeit der konstitutionellen
Staatsform mit ihrem charakteristischen Dualismus zwischen monarchi-
scher und parlamentarischer Gewalt, von den ersten Verfassungen zwischen 1808 und 1818 bis zum kaiserlichen Parlamentarisierungerlaß vom
30. September und den Verfassungsänderungen vom 28. Oktober 1918[23].
Das „monarchische Prinzip" war zwar seit langem auf dem Rückzug, aber
es bestand noch de iure fort. Die Parteien drängten nach vorne, hatten jedoch bis 1914 noch keinen Kanzler direkt bestimmen, also im Parlament
wählen dürfen.

Das 19. Jahrhundert war in Deutschland beherrscht vom Kampf um
„Freiheit und Einheit", also von der konstitutionellen und der nationalen
Frage. Am Ende war die nationale Frage gelöst – und mit ihr die lange
erstrebte Rechtseinheit, die durch das Strafgesetzbuch, die Reichsjustiz-
gesetze und durch das Bürgerliche Gesetzbuch gekrönt worden war.

Hochentwickelt, und in diesem Sinne „gelöst", war auch die Ausgestal-
tung des gewaltenteiligen Rechtsstaats, und insofern auch die Frage der
persönlichen Freiheit. Die Grundrechte waren im Reich und in Österreich
auf gesetzlicher Ebene sowie in den meisten Landesverfassungen garan-
tiert[24]. Die wichtigsten Länder hatten in den Jahren nach 1863 eine Ver-
waltungsgerichtsbarkeit aufgebaut. Das Staatsrecht und nun erstmals auch
das Verwaltungsrecht erlebten an den Universitäten eine große Blüte[25].
Gesetzgebung, Rechtsprechung und wissenschaftliche Doktrin formten
diesen „Rechtsstaat" also gleichermaßen. Sein Kennzeichen war insbeson-
dere die Zuordnung der Verwaltungstätigkeit zu kalkulierbaren Rechts-
formen. Indem die Rechtswissenschaft die Tätigkeit der Verwaltung als
Rechtsverwirklichung deutete und die dabei verfolgten „Zwecke" der

---

[23] *E. R. Huber,* Deutsche Verfassungsgeschichte, Bd. V, Stuttgart 1978, 531 f.;
U. Bermbach, Die Entstehung des Interfraktionellen Ausschusses: Ein Schritt auf dem
Weg zur Parlamentarisierung, in: *E. Kolb* (Hrsg.), Vom Kaiserreich zur Weimarer Republik, Köln 1972, 35–43.
[24] *E. R. Huber,* Grundrechte im Bismarckschen Reichssystem, in: Festschrift für
Ulrich Scheuner zum 70. Geburtstag, Berlin 1973, 163–181.
[25] *M. Stolleis,* Geschichte des öffentlichen Rechts in Deutschland, Bd. 2, München
1992, 322 ff., 381 ff.

Politik anheimstellte, gab sie zwar altes staatswissenschaftliches Terrain ab, erreichte aber auf dem eigenen Terrain die Universalität der Kategorien – vor allem des „Verwaltungsakts" –, die Gleichstellung der Bürger, die Berechenbarkeit und Kontrollierbarkeit des Staatshandelns sowie die Anerkennung der eigenen Arbeit als „Wissenschaft"[26]. Überspitzt gesagt: Die älteren Schwestern Zivil- und Strafrecht entdecken in diesen Jahren den Zweck wieder und brechen aus der Konstruktionsjurisprudenz aus. Die jüngeren Fächer Staats- und Verwaltungsrecht blenden den Zweck aus, weil sie den Ehrgeiz haben, erst einmal Konstruktionsjurisprudenz zu werden.

Im herrschenden Verfassungsmodell blieb allerdings die politische Partizipation der Staatsbürger schwach entwickelt. Was sich im Vormärz an Energien im Vereins- und Assoziationswesen, in der Laienbeteiligung bei der Justiz und in der kommunalen Selbstverwaltung artikuliert hatte, erholte sich in der zweiten Jahrhunderthälfte nur langsam vom Schock der mißglückten Revolution von 1848. Das Mißtrauen gegen zerstrittene Parteien und diskutierende Parlamente blieb erhalten. Die Exekutive erhielt sich ihr natürliches Übergewicht und der Rechtsstaat bewahrte obrigkeitliche Strukturen[27]. Die in der Stein'schen Städtereform und von Rudolf von Gneist angestrebte, bei ihm jedoch anders akzentuierte Mündigwerdung des Staatsbürgers durch Selbstverwaltung[28] war nicht in diesem Sinne realisiert worden. Dennoch hatte sich die Selbstverwaltung in den Kommunen, im Handwerk, an den Universitäten und in der neuen Sozialversicherung weiter ausgebreitet und bewährt[29].

Die Entwicklung des Rechtsstaats ist im wesentlichen vor 1914 abgeschlossen, während von einer demokratischen politischen Gesellschaft nur mit Vorbehalten gesprochen werden kann. Für Deutschland typisch ist eine Unsicherheit des politischen Stils, ein Mißtrauen gegenüber parlamentarischen Entscheidungen und Kompromissen, eine Zivilgesellschaft mit notorisch schwachem Selbstbewußtsein.

---

[26] P. *Badura*, Das Verwaltungsrecht des liberalen Rechtsstaates, Göttingen 1967, bes. 51 ff.; M. *Stolleis*, Rechtsstaat, in: Handwörterbuch zur Deutschen Rechtsgeschichte, Bd. 4 (1990) Sp. 367–375.

[27] P. *Gilo*, Die Erneuerung des demokratischen Denkens im wilhelminischen Deutschland: Eine ideengeschichtliche Studie zur Wende vom 19. zum 20. Jahrhundert, Wiesbaden 1965; *Wehler* (Anm. 10) 862 f.

[28] H. *Heffter*, Die Deutsche Selbstverwaltung im 19. Jahrhundert. Geschichte der Ideen und Institutionen, 2. Aufl. 1969; D. *Schwab*, Die „Selbstverwaltungsidee" des Freiherrn vom Stein und ihre geistigen Grundlagen, Gießen 1971; E. *Hahn*, Rudolf von Gneist 1816–1895. Ein politischer Jurist in der Bismarckzeit, Frankfurt 1995, 144 ff.

[29] M. *Stolleis*, Selbstverwaltung, Handwörterbuch zur Deutschen Rechtsgeschichte, Bd. 4 (1990) Sp. 1621–1625 m. w. Nachw.

5. Die Industrielle Revolution und ihr Recht

Hinter der scheinbaren Statik der Bismarck-Verfassung und der Stabilität der Lebensverhältnisse vor 1914 bewegten sich die enormen Schubkräfte der Industrialisierung und der Bevölkerungsvermehrung[30]. Auf einen Zuwachs von knapp 25 Millionen Menschen in den ersten sieben Jahrzehnten des 19. Jahrhunderts folgten zwischen 1870 und 1910 nochmals rd. 24 Millionen, so daß vor dem Weltkrieg etwa 65 Millionen Menschen in Deutschland lebten. Die Wirtschaft verzeichnete eine jahrzehntelange, durch die sog. Große Depression von 1873 nicht wirklich unterbrochene Steigerung der industriellen Produktivität. Die industriellen Zentren wandelten sich rasch; Kohle- und Eisenerzeugung überflügelten die bis dahin herrschende Textilindustrie. Bald kamen Chemie, Elektroindustrie und Maschinenbau hinzu[31]. In einer ersten großen Eingemeindungswelle antworteten die Groß- und Mittelstädte auf die Konzentration der Arbeitskräfte. Auf diese Weise reagierte die entstehende Industriegesellschaft schon früh interventionistisch[32]. Seit der Wirtschaftskrise von 1873 war der ohnehin schwache Liberalismus in Mißkredit geraten. 1878 kam es zu jener großen innenpolitischen Schwenkung, die den Übergang zur Schutzzoll- und Sozialpolitik ermöglichte[33]. Neben der gewerberechtlichen Arbeiterschutzgesetzgebung[34] und ersten Eingriffen in das Privatrecht zum Schutz gegen Ausbeutung[35] war es vor allem der monumentale Block der Sozialversicherung, den Bismarck selbst als den Beginn eines „Staatssozialismus" ansah. Die Sozialversicherung war eine staatliche Zwangsversicherung der

---

[30] W. Köllmann, Bevölkerungsgeschichte 1800–1970, in: H. Aubin – W. Zorn (Hg.), Handbuch der deutschen Wirtschafts- und Sozialgeschichte 2, 1976, 9–50; Wehler (Anm. 10) 493 ff.

[31] W. Treue, Gesellschaft, Wirtschaft und Technik Deutschlands im 19. Jahrhundert, in: Gebhardt, Handbuch der deutschen Geschichte, hrsgg. v. H. Grundmann, 9. Aufl. Bd. 3, Stuttgart 1970, 376 ff.; Wehler (Anm. 10) 547 ff.

[32] Huber (Anm. 22), Bd. IV, Stuttgart 1969, 146 ff.; M. Stolleis, Die Entstehung des Interventionsstaates und das öffentliche Recht, in: Zeitschrift für Neuere Rechtsgeschichte 1989, 129 ff.

[33] M. Stolleis, Die Sozialversicherung Bismarcks. Politisch-institutionelle Bedingungen ihrer Entstehung, in: H. F. Zacher (Hrsg.), Bedingungen für die Entstehung und Entwicklung von Sozialversicherung, Berlin 1979, 387–411; H. P. Benöhr, Wirtschaft und Sozialversicherung vor hundert Jahren, in: Zeitschr. f. Arbeitsrecht 13 (1982) 19–48.

[34] Zu den Änderungen der Gewerbeordnung von 1869 J. Umlauf, Die deutsche Arbeiterschutzgesetzgebung 1880 bis 1890. Ein Beitrag zur Entwicklung des sozialen Rechtsstaates, Berlin 1980; M. Stolleis, „Innere Reichsgründung" durch Rechtsvereinheitlichung 1866–1880, in: Chr. Starck (Hrsg.), Rechtsvereinheitlichung durch Gesetze, Göttingen 1992, 15–41.

[35] Wuchergesetz v. 24. 5. 1880 / 19. 6. 1883, RGBl. S. 109.

Industriearbeiterschaft mit Selbstverwaltung[36]. Kurz vor dem Weltkrieg wurde sie noch in der Reichsversicherungsordnung – gesetzestechnisch nach dem durch die Pandektistik geprägten Muster des Bürgerlichen Gesetzbuches – zu einer Kodifikation zusammengefaßt (1911). Zugleich erschien neben der Arbeiterversicherung die Versicherung der rasch wachsenden Schicht der Angestellten, der sog. Privat- oder Betriebsbeamten[37].

Der Zug zur staatlichen Intervention in privatrechtlich geordnete Beziehungen zeigte sich auch im Steuerrecht. Neben den „Hauptzweck" der Geldbeschaffung für Staatsaufgaben traten immer häufiger soziale oder ökonomische Nebenzwecke[38], übrigens kein neues, sondern ein nur zeitweise verdrängtes Phänomen[39]. Auch dieses überaus wichtige Sondergebiet des öffentlichen Rechts erhielt nun mitten in der Revolution von 1918/19 seine erste große Kodifikation, die Reichsabgabenordnung, weil man nur durch ein strengeres und einheitliches Steuereinzugssystem hoffen konnte, die Kriegsfolgen zu überwinden[40].

Konzentriert man sich auf die vom Staat ausgehenden Interventionen, dann übersieht man allerdings leicht, daß auch die Gesellschaft sich in immer größeren Produktions- und Kapitaleinheiten zusammenballte und ihrerseits in den Staat intervenierte. Die Industrieunternehmen wuchsen zu Konzernen zusammen, diese wiederum organisierten sich durch Preiskartelle und Syndikate auf höheren Ebenen[41]. Je stärker sie wurden, desto größer wurden auch ihre Neigungen und Fähigkeiten, die Gesetzgebung

---

[36] *Zacher* (Anm. 33); *P. A. Köhler / Hans F. Zacher* (Hg.), Ein Jahrhundert Sozialversicherung in der Bundesrepublik Deutschland, Frankreich, Großbritannien, Österreich und der Schweiz, Berlin 1981; *dies.* (Hg.), Beiträge zu Geschichte und aktueller Situation der Sozialversicherung, Berlin 1983; *J. Rückert*, Entstehung und Vorläufer der gesetzlichen Rentenversicherung, in: *F. Ruland* (Hrsg.), Handbuch der gesetzlichen Rentenversicherung, Neuwied und Frankfurt 1990, 1–50.

[37] *J. Kocka*, Die Angestellten in der deutschen Geschichte 1850–1980, Göttingen 1981; *ders.* (Hrsg.), Angestellte im europäischen Vergleich, Göttingen 1981; *T. Pierenkemper*, Arbeitsmarkt und Angestellte 1889–1914, Wiesbaden 1987; *Wehler* (Anm. 10) 757–763, 1427 f. m. umfass. Nachw.

[38] *P. Selmer*, Steuerinterventionismus und Verfassungsrecht, Frankfurt 1972; *H. P. Ullmann*, Die Bürger als Steuerzahler im Deutschen Kaiserreich, in: *M. Hettling – P. Nolte* (Hrsg.), Nation und Gesellschaft in Deutschland, München 1996, 231–246.

[39] *M. Stolleis*, Pecunia nervus rerum. Zur Staatsfinanzierung in der frühen Neuzeit, Frankfurt 1983; *A. Schwennicke*, Kein Staat ohne Steuern. Steuerlehren in der frühen Neuzeit, Frankfurt 1996.

[40] Reichsabgabenordnung v. 23. 12. 1918, RGBl. S. 1993. Hierzu *K. Tipke*, 50 Jahre Reichsabgabenordnung, AöR 94 (1969) 224 ff.; *Cordes*, Untersuchungen über Grundlagen und Entstehung der Reichsabgabenordnung vom 23. Dezember 1919, Diss. Köln 1971.

[41] *F. Blaich*, Staat und Verbände in Deutschland zwischen 1871 und 1945, Wiesbaden 1979, 41 ff.; *Huber* (Anm. 32) IV, 988–995, 1015–1022.

und Verwaltung zu beeinflussen und sich der „normalen" Justiz durch Bevorzugung von Schiedsgerichten zu entziehen.

Parallel hierzu verlief die schon länger zu beobachtende Bildung von Interessenverbänden, die nicht nur als Kampfinstrumente ökonomischer Macht, sondern auch als besonders typische Begleitphänomene des Parlamentarismus angesehen werden müssen[42]. Arbeitgeber- und Arbeitnehmerseite, Industrie und Landwirtschaft nahmen hiermit Einfluß auf die öffentliche Meinung und die Parlamente mit ihrer wirtschaftlich relevanten Gesetzgebung. Dieser Weg war erheblich effektiver als die Beeinflussung der wählerabhängigen und programmatisch festgelegten Parteien. Verbände konnten gezielter und geduldiger arbeiten, um den Staat in eine bestimmte Richtung zu lenken und für die eigene Klientel Sonderkonditionen durchzusetzen[43].

Die Rechtsordnung wandelte sich besonders rasch dort, wo die Industrialisierung den Weg in die technisierte Massengesellschaft geebnet hatte. Über Allgemeine Geschäftsbedingungen und Tarifverträge wurden die Einzelverträge zum genormten Massenprodukt. Das öffentliche Recht regelte nun Materialprüfung und Lebensmittelkontrolle[44] und erfaßte das Wasser- und Energierecht[45], je mehr sich die Lebensbedingungen in den Ballungsgebieten veränderten[46].

---

[42] W. Fischer, Staatsverwaltung und Interessenverbände im Deutschen Reich 1871–1914, in: C. Böhret u. a. (Hrsg.), Interdependenzen von Politik und Wirtschaft. Beiträge zur Politischen Wirtschaftslehre, 1967; H. Kaelble, Industrielle Interessenverbände vor 1914, in: W. Rüegg u. a. (Hrsg.), Zur soziologischen Theorie und Analyse des 19. Jahrhunderts, 1971; H. A. Winkler, Pluralismus oder Protektionismus? Verfassungspolitische Probleme des Verbandswesens im deutschen Kaiserreich, 1972; R. Steinberg (Hrsg.), Staat und Verbände. Zur Theorie der Interessenverbände in der Industriegesellschaft, Darmstadt 1985 m. w. Nachw.

[43] E. R. Huber, Das Verbandswesen des 19. Jahrhunderts und der Verfassungsstaat, Festgabe Th. Maunz 1971, 173–197, setzt schon im frühen 19. Jh. an, doch besteht Einigkeit darüber, daß die gewichtigen Verbände, etwa der „Verein der Steuer- und Wirtschaftsreformer" und der „Centralverband deutscher Industrieller" (beide 1876) den Beginn des eigentlichen Verbandswesens darstellen. Siehe außer der in Anm. 42 genannten Literatur H. Pohl (Hg.), Zur Politik und Wirksamkeit des Deutschen Industrie- und Handelstages und der Industrie- und Handelskammern 1861–1949, Stuttgart 1987; H. P. Ullmann, Interessenverbände in Deutschland, Frankfurt 1988.

[44] J. Grüne, Anfänge staatlicher Lebensmittelüberwachung in Deutschland. Der „Vater der Lebensmittelchemie" Joseph König (1843–1930), Berlin 1994 m. w. Nachw., insbes. zum Nahrungsmittelgesetz von 1879.

[45] W. Berg, in: Jeserich –Pohl - v. Unruh (Hrsg.), Deutsche Verwaltungsgeschichte, Bd. IV, Stuttgart 1985, 423 ff.; W. Löwer, aaO, Bd. V, Stuttgart 1987, 817 ff.

[46] Wehler (Anm. 10), 503 ff.; H. Croon / W. Hofmann / G. Chr. v. Unruh (Hrsg.), Kommunale Selbstverwaltung im Zeitalter der Industrialisierung, Stuttgart 1971; K. G. A. Jeserich, Kommunalverwaltung und Kommunalpolitik, in: Deutsche Verwaltungsgeschichte Bd. IV (Anm. 45), 488 ff.

Die Umgestaltung der Lebenswelt durch neue Techniken und die Notwendigkeit stärkerer Standardisierung der industriellen Produktion führte zu einer enormen Steigerung sowohl der Regelungsdichte als auch ihrer Intensität durch die Rechtsordnung. Das Recht der technischen Sicherheit entstand[47], das Recht der Industrienormen[48] und das automobilgerechte Straßenverkehrsrecht[49].

Nimmt man alles zusammen, das neue Sozialrecht und Steuerrecht, das neue Technik-, Verkehrs- und Energierecht, so wird deutlich, daß der Aufbruch in die Welt der Industriegesellschaft und die Vermehrung der öffentlichen Normen schon lange vor dem Weltkrieg eingesetzt hatten. Besonders deutlich ist dies bei den kommunalen Versorgungsleistungen[50]. Im Städtebau erhoben sich schon im frühen 19. Jahrhundert Forderungen nach „Mehr Licht, mehr Luft"[51], nach besseren Einrichtungen der Wasserversorgung und -entsorgung. Es folgten die Straßenbeleuchtung durch Gas, später durch Elektrizität, die neuen Schlachthöfe, die öffentlichen Bäder, Krankenanstalten und Freizeiteinrichtungen. Immer breiter entfaltete sich

---

[47] *Th. Peters*, Geschichte des Vereins Deutscher Ingenieure, Berlin 1912; *E. H. F. Neuhaus*, Der Verein Deutscher Ingenieure und die deutsche Normung, in: Der Betrieb. Technischer Teil der Zeitschrift Maschinenbau, hrsgg. v. Verein Deutscher Ingenieure Bd. 10 (1931) 409–414; *G. S. Sonnenberg*, Hundert Jahre Sicherheit. Beiträge zur technischen und administrativen Entwicklung des Dampfkesselwesens in Deutschland von 1810–1910, Düsseldorf 1973; *R. H. Roth*, Technische Normung im Recht, jur. Diss. Basel 1983; *W. Schuchardt*, Außertechnische Zielsetzungen und Wertbezüge in der Entwicklung des deutschen technischen Regelwerks, in: Technikgeschichte 46, 1979, 227–244; *P. Marburger*, Die Regeln der Technik im Recht, Köln 1979; weitere Nachweise bei *H. Voelzkow*, Staatseingriff und Verbandsfunktion: Das verbandliche System technischer Regelsetzung als Gegenstand staatlicher Politik, Max-Planck-Institut für Gesellschaftswissenschaften, Köln 1992.

[48] Von besonderem Interesse sind die Beiträge des Generaldirektors der Fa. Borsig/Berlin *F. Neuhaus*, Technische Erfordernisse für die Massenfabrikation, in: Technik und Wirtschaft. Monatsschrift des Vereines deutscher Ingenieure, 3 (1910) 595 f.; *ders.* Der Vereinheitlichungsgedanke in der deutschen Maschinenindustrie, in: Technik und Wirtschaft 7 (1914) 603–638. Aus der neueren Literatur siehe *D. Cahan*, Meister der Messung. Die Physikalisch-Technische Reichsanstalt im Deutschen Kaiserreich (1987), Weinheim 1992; *Th. Wölker*, Entstehung und Entwicklung des Deutschen Normenausschusses, Berlin 1991; *P. Berz*, Der deutsche Normenausschuß. Zur Theorie und Geschichte einer technischen Institution, in: *A. Adam / M. Stingelin* (Hg.), Übertragung und Gesetz. Gründungsmythen, Kriegstheater und Unterwerfungstechniken von Institutionen, Berlin 1995, 221–236.

[49] Gesetz über den Verkehr mit Kraftfahrzeugen v. 3. Mai 1909, RGBl. 437. Für die Zeit nach 1919 *J. Salzwedel*, Die Aufgaben des Reichsverkehrsministeriums, in: Deutsche Verwaltungsgeschichte Bd. IV (Anm. 45), 260 ff.

[50] *W. R. Krabbe*, Munizipalsozialismus und Interventionsstaat. Die Ausbreitung der städtischen Leistungsverwaltung im Kaiserreich, in: Geschichte in Wissenschaft und Unterricht 1979, 265 ff.

[51] *M. Rodenstein*, „Mehr Licht, mehr Luft". Gesundheitskonzepte im Städtebau seit 1750, Frankfurt/New York 1988.

der Fächer kommunaler Dienstleistungen[52], und damit stieg der Bedarf an öffentlich-rechtlicher Regulierung.

Wie in England, wo die Fabian Society die Diskussion bestimmte[53], diskutierte man auch in Deutschland über „Die sozialen Aufgaben deutscher Städte"[54], über die Grenzen der Konkurrenz zwischen kommunalen Wirtschaftsbetrieben und freien Unternehmern[55] sowie über mögliche Gefahren für die Bürgerrechte durch die Monopolisierung der Versorgung[56]. Ferdinand Schmid konstatierte 1909: „Mit der Übernahme zahlreicher Privatbetriebe durch Staat und Kommunen sind wir nach der Meinung Vieler tatsächlich bereits in das Zeitalter eines teilweisen staatlichen und munizipalen Sozialismus eingetreten"[57]. In der Tat waren dessen typische Kennzeichen – die Einebnung des Unterschieds zwischen privatem und öffentlichem Recht, die Rückkehr des „Zwecks" als Zuordnungskriterium, die Tendenz zur Monopolisierung und zur Planung – schon vor dem Krieg klar ausgebildet. Doch ist unbestritten, daß das Kriegsverwaltungsrecht (über das ich hier nicht sprechen kann) alle diese Tendenzen schlagartig steigerte und die Trennung zwischen Staat und Gesellschaft fast vollständig verschwinden ließ.

Der ökonomische und politische Hochliberalismus war schon 1878 zu Ende gegangen. Industrielle Welt und öffentlich-rechtlich handelnder Interventionsstaat schritten nun gemeinsam und wechselseitig vernetzt voran. Sozialversicherungsrecht, zweckorientiertes Steuerrecht, kommunale Daseinsvorsorge und Industrierecht zeigen eine durchlaufende Entwicklungslinie, die durch 1914–1918 hindurchgeht. Der Staat der Industriegesellschaft wurde durch den Weltkrieg aufgeheizt und intensiviert, nicht aber in seiner Langzeittendenz verändert.

---

[52] *W. Rüfner*, Formen öffentlicher Verwaltung im Bereich der Wirtschaft, Berlin 1967; *P. Badura*, Das Verwaltungsrecht des liberalen Rechtsstaates, Göttingen 1967, 41 ff.; zusammenfassend nunmehr *W. Hofmann*, Aufgaben und Struktur der kommunalen Selbstverwaltung in der Zeit der Hochindustrialisierung, in: Deutsche Verwaltungsgeschichte Bd. III, Stuttgart 1984, 578–644 m. w. Nachw.

[53] *M. Grunwald* (Hrsg.), Englische Sozialreformer, 1897; *C. H. Lindemann*, Städteverwaltung und Municipal-Sozialismus in England, 1897, 2. Aufl. 1906. *Lindemann* übersetzte auch die englischen Wortführer *S.* und *B. Webb*. Vgl. *E. Reichel*, Der Sozialismus der Fabier. Ein Beitrag zur Ideengeschichte des modernen Sozialismus in England, Heidelberg 1947, 91 ff.

[54] *C. H. Lindemann*, Deutsche Städteverwaltung, 1901, 2. Aufl. 1906; *F. Adickes/ Beutler*, Die sozialen Aufgaben der deutschen Städte, 1903.

[55] *O. Wippermann*, Die Zukunft kommunaler Betriebe, 1912.

[56] *F. Stier-Somlo*, Der verwaltungsrechtliche Schutz des Bürger- und Einwohnerrechts in Preußen, in Verwaltungsarchiv 12 (1904) 354/508; *S. Genzmer*, Der Gemeindesozialismus und seine gesetzlichen Schranken im preußischen Kommunalrecht, in: Archiv für öffentliches Recht 25 (1909) 161.

[57] *F. Schmid*, Ueber die Bedeutung der Verwaltungslehre als selbständiger Wissenschaft, in: Zeitschr. f. d. gesamten Staatswissenschaften 65 (1909) 193 ff. (205).

6. Idealismus und Realismus im Fin de siècle

Wesentliche Teile der skizzierten Entwicklung beruhten auf den Erfolgen auf allen Feldern der empirischen Naturwissenschaften. Deren Exaktheit beeindruckte auch die Rechtswissenschaft tief. Ähnlich wie im 18. Jahrhundert unter dem Ideal des „mos geometricus" suchte sie Sicherheit in der Vorstellung, der positivrechtliche Stoff könne mit Mitteln der Logik auf bestimmte, allem Recht immanente Grundfiguren zurückgeführt werden. Gleichzeitig ist eine entschiedene Hinwendung zu den empirischen Fächern (Rechtssoziologie, Rechtsvergleichung), zu mehr „Realismus" sowie zur Betonung des Zweckmoments zu beobachten (R. v. Jhering, F. v. Liszt). Soziologische Staatslehren, die auf das Moment des Rechts ganz verzichteten, traten auf[58]. Der Sozialdarwinismus gewann seine juristischen Anhänger[59], und es breitete sich, etwa ab 1890, eine biologistisch-rassistische Variante des Antisemitismus aus und wurde schrittweise salonfähig[60]. Ein Autor wie Richard Wagners Schwiegersohn Houston Steward Chamberlain (1855–1927) errang mit seinen pseudowissenschaftlichen, germanophilen und antisemitischen „Grundlagen des XIX. Jahrhunderts" (1900) enorme Erfolge – auch der Kaiser gehörte zu seinen begeisterten Lesern. Deutsche jüdischer Konfession oder Herkunft konnten hierauf in verschiedener Weise antworten, einmal durch Intensivierung der humanistisch-liberalen und menschheitlichen Orientierung, die seit Moses Mendelssohn typisch gewesen war, dann durch Adaption der konservativen deutschnationalen Richtung – im Staatsrecht vertreten etwa durch Erich Kaufmann. Die dritte der möglichen Antworten hierauf war die zionistische Bewegung Theodor Herzls, die 1896/97 weithin sichtbar einsetzte[61].

---

[58] *M. Stolleis*, Geschichte des öffentlichen Rechts in Deutschland, Bd. 2, München 1992, 435 ff., 442 ff.

[59] *H. G. Zmarzlik*, Der Sozialdarwinismus in Deutschland als geschichtliches Problem, in: *ders.*, Wieviel Zukunft hat unsere Vergangenheit, 1970, 56–85; *G. Mann* (Hrsg.), Biologismus im 19. Jahrhundert, 1973; *H. U. Wehler*, Sozialdarwinismus im expandierenden Industriestaat, in: *I. Geiss, B. J. Wendt* (Hg.), Deutschland in der Weltpolitik des 19. und 20. Jahrhunderts (Festschr. F. Fischer), Düsseldorf 1973, 133 ff.; *G. Altner* (Hrsg.), Der Darwinismus. Die Geschichte einer Theorie, 1981; *F. Wieacker*, Jhering und der „Darwinismus", Festschr. K. Larenz z. 70. Geb., München 1973, 63–92; *W. Pleister*, Persönlichkeit, Wille und Freiheit im Werke Jherings, Ebelsbach 1982, 358 ff.

[60] *W. Schallmayer*, Vererbung und Auslese im Lebenslauf der Völker. Eine staatswissenschaftliche Studie auf Grund der neueren Biologie, Jena 1903; *M. Schwann*, Vom Staate. Abhandlungen über den biologischen Aufbau, die naturgesetzliche und geschichtliche Entwicklung von Volk und Staat, Essen 1918. Zu den ideengeschichtlichen Voraussetzungen *H. F. Augstein*, Race – the Origins of an Idea, 1760–1850, Bristol 1996.

[61] *Th. Herzl*, Der Judenstaat. Versuch einer modernen Lösung der Judenfrage, 1896. Am 19. August 1897 fand dann in Basel der erste „Zionistenkongress" statt. Vgl. *M. Krupp*, Zionismus und Staat Israel, 2. Aufl. Gütersloh 1985.

Deutschland, die „verspätete Nation", die sich international eingekreist und bei der Verteilung von Kolonien zu kurz gekommen fühlte, trat nun mit der Mentalität des Aufsteigers unter die westeuropäischen Nationen[62]. Entsprechend häufig war in ihrer politischen Philosophie von einer „deutschen Mission" die Rede[63]. Dahinter steckte die seit langem spürbare Abwendung von den „Ideen von 1789"[64], die zu einer Isolierung des nationalen Moments und zu einer Zurückdrängung des humanitär-universalistischen und des demokratischen Aspekts führte. Ihr Gegenbild, die antiliberalen und gemeinschaftsbezogenen „Ideen von 1914", hatten schon vor dem Kriegsausbruch die Szene beherrscht, indem sie die alte romantisch-historische Opposition gegen Aufklärung und Revolution zusammenführten mit Zivilisationskritik, tiefsitzenden Vorbehalten gegen Demokratie, Liberalismus und Individualismus, die nun im Namen der „Gemeinschaft", des (den Staat transzendierenden) „Reiches" und der „Deutschheit" überwunden werden sollten[65].

In der praktischen Politik schienen das intensivierte Flottenbauprogramm, die Kolonialpolitik und das von Geschmack- und Taktlosigkeiten gesäumte „persönliche Regiment" des Kaisers diese gedanklichen Vorgaben zu bestätigen[66]. Je mehr die Industrialisierung zum internationalen Vergleich drängte[67], desto stärker wurde der Nationalismus, der in Kategorien des „Kräftemessens" dachte.

Hinter den enormen Erfolgen der Industrialisierung und des technischen Fortschritts, der planmäßig geförderten naturwissenschaftlichen Forschung[68], aber auch der Universitäten insgesamt[69], stand allerdings ein

---

[62] *N. Elias,* Studien über die Deutschen. Machtkämpfe und Habitusentwicklung im 19. und 20. Jahrhundert, hrsgg. v. *M. Schröter,* 1989, 3. Aufl. Frankfurt 1990.

[63] Grundlegend *H. Lübbe,* Politische Philosophie in Deutschland, Basel 1963 (Taschenbuchausg. 1974).

[64] *Forum f. Philosophie* (Hrsg.), Die Ideen von 1789 in der deutschen Rezeption, Frankfurt 1989.

[65] *Lübbe* (Anm. 63) 171 ff.; *Th. Gutmann,* Wiederkehr der Gemeinschaft? Rechtshistorisch gebotene Fragen an die kommunitaristische Philosophie, in: *H. Nehlsen – G. Brun* (Hrsg.), Münchner rechtshistorische Studien zum Nationalsozialismus, Frankfurt 1996, 9–61 m. w. Nachw.

[66] *W. J. Mommsen,* Bürgerstolz und Weltmachtstreben. Deutschland unter Wilhelm II. 1890–1918, Berlin 1995, 173 ff., 291 ff.

[67] Vgl. etwa den parallel zur Weltausstellung als „Heerschau des Fortschritts" in St. Louis 1904 veranstalteten „World Congress of Arts and Sciences". Hierzu *H. Rollmann,* Meet me in St. Louis. Troeltsch und Weber in St. Louis, in: *H. Lehmann – G. Roth* (Hrsg.), Weber's Protestant Ethic. Origins, Evidence, Contexts, Cambridge Univ. Press 1993.

[68] *R. Vierhaus – B. v. Brocke* (Hrsg.), Forschung im Spannungsfeld von Politik und Gesellschaft. Geschichte und Struktur der Kaiser-Wilhelm-/Max-Planck-Gesellschaft, Stuttgart 1990; *B. v. Brocke – H. Laitko* (Hrsg.), Die Kaiser-Wilhelm-/Max-Planck-Gesellschaft und ihre Institute, Berlin 1996.

[69] *F. K. Ringer,* The Decline of the German Mandarins. The German Academic Community 1890–1933, Cambridge Mass. 1969 (dt. Stuttg. 1983); *P. B. Wiener,* German

Grundgefühl innerer Ziellosigkeit und Verödung. Die zeittypischen Klagen über einen verbreiteten „Materialismus" und die in der Jugendbewegung ab 1900 ausbrechende Sehnsucht, einer als konventionell, erstarrt und unnatürlich empfundenen Welt entfliehen zu können, zeigen, daß der nationalistische und technische Optimismus eine kulturpessimistische, nihilistisch-verzweifelte Kehrseite hatte[70]. Ein Jahrzehnt vor dem Ausbruch des Weltkrieges wurden die Signale für eine als quälend empfundene Doppelbödigkeit der Existenz vor allem bei Schriftstellern und Künstlern spürbar. Theosophie und Anthroposophie, aber auch die zweifellos Neuland erschließende Psychoanalyse entstanden[71]. In trivialerer Form zeigten sich ähnliche Symptome im Auftauchen von Naturheilbewegung und Freikörperkultur, allerlei Okkultismen, Sekten und Weltverbesserungsvorschlägen[72]. Das von Zeitgenossen oft beschriebene Gefühl politischer und kultureller „Gewitterschwüle" breitete sich aus, und als der Krieg ausgebrochen war, wurde viel von „notwendiger Reinigung" gesprochen[73]. So illusionär dies im Rückblick erscheinen mag, so aufschlußreich ist doch der hochgespannte, auf einen „Ausbruch" drängende Seelenzustand als kriegsauslösender historischer Faktor.

Das „ruhelose Reich" (M. Stürmer), das mit wachsender Bevölkerung, industrieller Produktion und Forschungsförderung expandierte, zeigte zwischen 1890 und 1910 die Arroganz und innere Unsicherheit des Parvenü. Doch war es 1914 auf dem Weg der Parlamentarisierung, auch wenn es untergründig verbreitete Sympathien für „cäsaristische" Modelle und

---

Universities in the Age of Nationalism, in: University of Birmingham Historical Journal 12 (1969) 100 ff.; *C. v. Ferber*, Die Entwicklung des Lehrkörpers der deutschen Universitäten und Hochschulen 1864–1954, Göttingen 1956; *H. P. Bleuel*, Deutschlands Bekenner. Professoren zwischen Kaiserreich und Diktatur, Bern 1968; *P. Schiera*, Laboratorium der bürgerlichen Welt. Deutsche Wissenschaft im 19. Jahrhundert, 1992.

[70] Zum Kulturpessimismus *F. Stern*, The Politics of Cultural Despair, 1958; zum Zusammentreffen von „Krisenstimmung und Fortschrittseuphorie" *M. Stürmer*, Das ruhelose Reich. Deutschland 1866–1918, Berlin 1983, 249 ff.; *N. Hammerstein*, Antisemitismus und deutsche Universitäten 1871–1933, Frankfurt 1995, 19 ff.

[71] *S. Freud* und *J. Breuer*, Studien über Hysterie, Wien 1895; *ders.*, Über den Traum (1901), 2. erw. Fassung, Wiesbaden 1911; *ders.*, Die Traumdeutung, Leipzig und Wien 1900. Zur Werkgeschichte vgl. *I. Grubrich-Simitis*, Zurück zu Freuds Texten. Stumme Dokumente sprechen machen, Frankfurt 1993. Die wichtigsten Texte finden sich in der zweibändigen, von *Anna Freud* und *Ilse Grubrich-Simitis* herausgegebenen und kommentierten Werkausgabe, Frankfurt 1978.

[72] *Stolleis* (Anm. 58) 447 f.

[73] *K. Böhme* (Hg.), Aufrufe und Reden deutscher Professoren im Ersten Weltkrieg, 1975 m. w. Nachw.; *J. und W. v. Ungern-Sternberg*, Der Aufruf „An die Kulturwelt!". Das Manifest der 93 und die Anfänge der Kriegspropaganda im Ersten Weltkrieg, Stuttgart 1996.

autoritäre Einstellungen geben mochte[74]. Verfassungspolitisch war 1914 nur ein Unglücksjahr, keine „notwendige" Zäsur. Das gleiche gilt für die prosperierende Volkswirtschaft und die international anerkannte Wissenschaft. Industrierecht und Wirtschaftsverwaltungsrecht, Sozial- und Arbeitsrecht hatten ihre Ausgangspunkte lange vor 1914 gefunden. Für sie bedeutete der Kriegsausbruch einen starken Entwicklungsschub, nicht aber eine wirkliche Zäsur. Schließlich die scheinbar so intakte Adels- und Bürgerwelt der Vorkriegszeit: Gewiß erhielten sie durch Krieg und Revolution den eigentlichen Todesstoß. Doch waren sie ohnehin schon innerlich ausgehöhlt und ihre Lebensformen wären – auch ohne das Jahr 1914 – über kurz oder lang in der industriellen Massengesellschaft verschwunden. Von einer im hegelschen Sinne „notwendigen" Zäsur des Jahres 1914 bleibt also wenig. Der Kriegsausbruch war ein vermeidbares National- und Welt-Unglück, dessen schwache Akteure – nach einem Attentat, wie es Dutzende zuvor gegeben hatte – die Nerven und damit die Kontrolle über das Geschehen verloren. Er war nicht die notwendige Epiphanie des Entscheidungskampfes zwischen Kultur und Zivilisation, zwischen den Ideen von 1789 und 1914, zwischen Gog und Magog. Das waren kaum mehr als die den Krieg begleitenden Phrasen[75].

Dagegen ist klar (um zum Anfang zurückzukehren), daß die durch den Krieg geschaffenen Fakten nicht mehr aus der Welt zu schaffen waren, daß insofern also eine „Zäsur" vorliegt, wie sie kaum einschneidender gedacht werden kann. Die Welt „nachher", nach den „Stahlgewittern", war kaum noch als Abkömmling der Welt „vorher" zu erkennen. Insofern bleibt 1914 ein gewaltiger Einschnitt. Er markiert die erste große Aggressionsentladung der Epoche des Nationalismus. Der Wirtschaftshistoriker mag auf das Ende des Hochliberalismus um 1880 deuten, der Sozialhistoriker auf die Unmöglichkeit einer Datierung von Langzeitprozessen beim Übergang in das Zeitalter der Massen, der Kulturhistoriker auf den geistigen Umbruch und Aufbruch um 1900, der Rechtshistoriker auf die Herstellung der Rechtseinheit zwischen 1873 und 1900, der Verfassungshistoriker auf 1918/19, auf das Ende der Monarchien und die Weimarer Verfassung. Sie alle kreisen aber um 1914 und definieren ihre Zäsuren durch „Abstandsmessung" von diesem Schicksalsjahr.

---

[74] *H. Hofmann*, Das Problem der cäsaristischen Legitimität im Bismarckreich, in: ders., Recht – Politik – Verfassung. Studien zur Geschichte der politischen Philosophie, Frankfurt 1986, 181–205, der mit Recht auf die Verquickung von Nationalismus und autoritärer Staatsführung und auf den damit verbundenen Mangel an demokratischer Legitimität hinweist.
[75] Eingehende Auseinandersetzung mit den hier nur angedeuteten Fragen bei *W. J. Mommsen*, Bürgerstolz und Weltmachtstreben, 1890–1918 (Propyläen Geschichte Deutschland VII/2), Berlin 1995, insbes. 450 ff.